GRIECHENLAND

Ein Porträt in Luftbildern

GRIECHENLAND

Ein Porträt in Luftbildern

Fotografien von YANN ARTHUS-BERTRAND

Text von JANINE TROTEREAU

RV Verlag

EINFÜHRUNG

Griechenland aus der Luft zu betrachten bedeutet, die Perspektive der alten hellenischen Götter einzunehmen, die einst von den Höhen des Olymp aus über die Welt herrschten und in die Geschicke der Sterblichen eingriffen. Man sieht die Akropolis mit den Augen der Athene, der tapferen und siegreichen, überfliegt Olympia im Gefolge des Göttervaters Zeus, entdeckt Delphi und Delos in der strahlenden Herrlichkeit Apollos und berauscht sich an den Farben von Náxos.

Aus der Luft betrachtet scheinen die antiken Helden in ganz Hellas wiederzuerstehen, im Herzen der Peloponnes und Attikas, in Epirus, Böotien und Kreta, Itháka und Thessalía. Uns begegnen der stolze Theseus, der weise Nestor, der erfinderische Odysseus und Diomedes, der Sohn des Ares, Achill, der tapfere Held, ebenso wie Ajax, der Heerführer, Ariadne, die Tochter des Königs Minos, Herakles, der Sohn des Zeus und der Alkmene, Idomeneos mit seinen ruhmreichen Waffen und die Helden aus der griechischen Mythologie, die allenthalben zugegen zu sein scheinen. Auch der abgelegenste Winkel des Landes ist unverändert stark geprägt von ihren Heldentaten. Das kleinste Relikt erzählt noch immer von dieser klassischen und mythischen antiken Welt, deren ganze Vollendung wir nur aus der Luft begreifen können, wenn weiße Dörfer vor unseren Augen in der Abenddämmerung mit dem Fels verschmelzen. Dem Betrachter wird es schwerfallen, wieder auf die Erde zurückzukehren, nachdem er dieses Buch zugeschlagen hat.

Das minoische Kreta

Im zweiten Jahrtausend v. Chr. vermischte sich die Legende mit der Wirklichkeit: Auf der Insel Kreta entstand eine hochentwickelte Kultur. Nach ihrem mythischen König Minos benannt, brachte die minoische Kultur die ersten städtischen Ansiedlungen Europas hervor. Ihre Paläste, die etwa zwischen 2000 und 1570 v. Chr. errichtet wurden, sind von unvergleichlicher Eleganz und weisen eine erstaunliche Ausstattung auf; man fand ein Bad aus Terrakotta, das Asaminthos, sowie ein Kanalisationssystem in den königlichen Gemächern – zur damaligen Zeit ein unerhörter Luxus, der selbst in manch anderen, späteren Zivilisationen nicht bekannt war. Die Kunst der Fresken fand hier ihren Höhepunkt. Goldschmiede schufen aus Gold und Edelsteinen zarte Meisterwerke. Arbeiten mit Steingut und Bronze, Töpferei und Intarsienkunst gelangten hier zu äußerster Vollendung.

Die Kreter waren nicht nur unerschrockene Seefahrer mit einer mächtigen Flotte, sie trieben auch lebhaften Handel zwischen Nordafrika, Ägypten und Kleinasien – möglicherweise geht die Gründung Trojas auf sie zurück –, von den Kykladen bis Rhodos. Auf diese Weise verbreiteten sich ihre Künste und Fertigkeiten im ganzen östlichen Mittelmeerraum. Woher sie aber ursprünglich kamen, weiß niemand genau, zumal ihre Schrift noch immer nicht

entschlüsselt worden ist. Auch ihre Religion bleibt ein Geheimnis. Und doch schufen sie die erste große Zivilisation Europas. Zerstört wurde sie durch Erdbeben im Zusammenhang mit dem Vulkanausbruch auf Thíra, dem heutigen Santoríni, und der darauf folgenden Flutwelle, eine Naturkatastrophe, wie sie in der Geschichte der Menschheit bislang wahrscheinlich kein zweites Mal vorgekommen ist.

Die Macht von Mykenä

Während sich die Kultur der Kreter entwickelte, wurde das griechische Festland nach und nach von den Achaiern (Achäern) erobert, einem indoeuropäischen Stamm, der in mindestens zwei aufeinanderfolgenden Wellen hierherkam. Es waren Krieger, die sich auf Waffenkunst und Pferdezucht verstanden und »Kyklopische Mauern« um ihre Städte errichteten beziehungsweise sie direkt auf eine Anhöhe bauten. Ihre Toten, zumindest die mächtigen, bestatteten sie in riesigen Kuppelgräbern. Ihre Kultur, nach Mykenä, der größten Stadt der Achäer, mykenische Kultur genannt, verbreitete sich überall auf der Peloponnes. Ihre Macht dehnte sich aus auf Knossos, Kreta und die Ägäis; sie siedelten sich an in Milet, Ephesos und auf Zypern. Tontafeln mit Inschriften, die bei Ausgrabungen an den Hauptstätten in Theben, Pylos, Mykenä, Eleusis und Tiryns gefunden wurden, beweisen im übrigen, daß die alten Mykener bereits vor 1450 v. Chr. eine eigene Schrift besaßen.

Überliefert sind die Sagengestalten des mykenischen Zeitalters: Agamemnon, Orestes, Iphigenie oder Elektra von Mykenä, Theseus von Athen, Laios, Ödipus, Kreon, Antigone von Theben, oder Priamos, Hektor oder Kassandra von Troja.

Die archaische Zeit

Die mykenische Kultur fand ihr Ende durch die unter dem Druck der Illyrer einbrechenden Dorer. Diese und andere Völker drangen auf die Peloponnes vor und weiter nach Kreta und Kleinasien. Die Verbreitungsgebiete der wichtigsten griechischen Sprachgruppen fanden ihren Ausdruck durch die Einwanderer: Ionisch, Achaisch und Dorisch. Aufgrund ihrer Überlegenheit in Bewaffnung und Kampftechnik – jetzt standen Reiterkrieger mit Eisenwaffen Streitwagenkämpfern mit Bronzewaffen gegenüber – verdrängten sie die Achaier auf die Ionischen Inseln.

Um 1100 bis 900 v. Chr. hatten sich die Verhältnisse wohl gefestigt; viel ist allerdings nicht überliefert (»Dunkle Jahrhunderte«). Die darauf folgende archaische Zeit (800 bis 500 v. Chr.) war gekennzeichnet von der Entmachtung des Königtums und der Herrschaft des Adels.

Die Griechen übernahmen die phönizische Schrift und entwickelten sie weiter, und sie übernahmen die aus der mykenischen Zeit stammenden Mythen. Die Städte wurden neu organisiert, der Handel erfuhr wieder einen Aufschwung, der Seehandel wurde ausgeweitet. Im östlichen Mittelmeerraum, in Milet, Smyrna, Ephesus und Phokäa, wurden neue Kolonien gegründet, ebenso im westlichen Mittelmeerraum, so zum Beispiel an den Küsten Süditaliens, in Neapel, auf Sizilien und in Marseille.

Das Jahrhundert des Perikles

Nun folgten die Vorboten eines Aufschwungs und einer Blütezeit in Griechenland, die ihren Höhepunkt im Verlauf des 5. und 4. Jahrhunderts v. Chr. erreichte. Die Wissenschaft blühte in allen Bereichen: Mathematik (Thales und Pythagoras), Medizin und Biologie (Hippokrates und Anaxagoras, der Lehrmeister des Perikles), Geschichtswissenschaft (Herodot und Thukydides), vor allem die Philosophie (Sokrates und Platon), das Theater (Äschylos, Sophokles, Euripides, Aristophanes), die Architektur (Phidias, Iktinos), die Bildhauerei (Phidias, Myron, Polyklet), die Malerei (Polygnot) und Keramik (vor allem in Athen und Korinth). Es war eine Zeit, während der sich der menschliche Genius in alle Richtungen entfaltete. Später wird man sie allgemein als das Zeitalter des Perikles bezeichnen.

Doch selbst in dieser Periode der beispiellosen intellektuellen und künstlerischen Blüte war Griechenland kein geeintes Land, sondern bestand aus einer Vielzahl von rivalisierenden oder verfeindeten Stadtstaaten. Sie bekriegten sich heftig untereinander, verbündeten sich freilich von Zeit zu Zeit gegen einen gemeinsamen Feind. Athen war zur ersten Macht in Griechenland aufgestiegen, aber der Gegensatz zu Sparta entlud sich schließlich im Peloponnesischen Krieg (431 bis 404 v. Chr.), der nahezu alle Griechen in Kämpfe verwickelte, die einen im Gefolge Athens, die anderen hinter Sparta.

In der Hand Alexanders des Grossen

Gewinner dieser Auseinandersetzungen waren letztlich die Könige von Makedonien, zunächst Philipp II., dann sein Sohn Alexander, der sich die Vormachtstellung in Griechenland sichern konnte (Zerstörung Thebens im Jahre 335 v. Chr.) und der später der Große genannt wurde. Er dehnte sein Reich im Osten bis zu den Ufern des Indus aus, indem er Kleinasien, Persien und schließlich Ägypten eroberte, wo er im Jahr 331 v. Chr. Alexandria gründete.

Alexanders Nachfolger, seine Feldherren, die Diadochen, zerfleischten sich im Kampf um sein hinterlassenes Weltreich. Athen war aber immer noch ein geistiges Zentrum der griechischen Welt; durch Mathematiker und Physiker wie Euklid und Archimedes hatte es gleichwohl seine intellektuelle Ausstrahlung bewahren können. Zu den großen hellenischen Kapitalen gehörte neben Antiochia und Pergamon aber vor allem Alexandria.

Nachfolger Byzanz

Von dem wirtschaftlichen und politischen Niedergang profitierte Rom, das seinen Einfluß auf Griechenland verstärkte; Griechenland wurde zum römischen Interessengebiet und schließlich als »Achaia« römische Provinz. Während der Kaiserzeit genoß die griechische Kultur jedoch auch Verehrung durch die Römer. Hadrian zum Beispiel plante die Schaffung eines neuen panhellenischen Bundes mit Athen als Zentrum und ließ zahlreiche Bauten ausführen.

Doch nach dem Tod Theodosius' des Großen im Jahre 395 n. Chr. wird das Römische Reich unter seinen Söhnen aufgeteilt. Byzanz, ein knappes Jahrhundert zuvor in Konstantinopel umbenannt, wurde die Hauptstadt des Oströmischen oder Byzantinischen Reiches, in dem der grie-

ATHEN: Die Akropolis

Die Athener sagen gerne, Athene selbst habe die Giganten angewiesen, die Steine und Mauern zur Abstützung der heiligen Plattform zu verteilen, die mit ihren 140 Metern Höhe die moderne Stadt überragt. Umgeben ist sie von Monumenten, errichtet vom Zeitalter des Perikles an bis in die römische Periode. Auf diese Weise treffen an der Südseite das hervorragend erhaltene Odeion des Herodes Atticus (im Bildvordergrund links), die Eumenes-Stoa, die antike Wandelhalle, von der nur noch die Fundamente erhalten sind, Überreste des Asklepieions, der dem Apollo-Sohn und Gott der Medizin Asklepios geweihte Tempel, und das Dionysos-Theater zusammen. All diese Monumente, von denen einige bereits 2500 Jahre alt sind, sind von der Luftverschmutzung, die unaufhaltsam am Marmor nagt, aber auch von ihren Besuchern bedroht: Millionen von Touristen erklimmen jährlich die Akropolis und erschüttern mit den Vibrationen ihrer Schritte die Fundamente der Tempel.

Links:

ATHEN: Korinthische Säulen an der Akropolis

An der Südseite der Akropolis, auf dem Fels entlang der Kimon-Mauer, sind einige korinthische Säulen erhalten. Sie trugen einst das Denkmal des Choregen Trasyllos, das nur noch in Überresten zu besichtigen ist. Es wurde Anfang des 4. Jahrhunderts v. Chr. am Eingang einer als Kapelle genutzten Höhle errichtet.

Rechts:

ATHEN: Das Odeion des Herodes Atticus auf der Akropolis

Das sehr gut erhaltene Odeion des Herodes Atticus am Südwestrand des Abhangs der Akropolis ist ein relativ junges Theater. Es wurde im 2. Jahrhundert n. Chr. von Herodes Atticus errichtet, stammt mithin aus römischer Zeit. Der griechische Redner, der mit der Erziehung des zukünftigen Kaisers Marcus Aurelius betraut war, war ein großzügiger Mäzen, nicht nur für Athen, sondern auch für zahlreiche andere griechische Stadtstaaten. Laut den Aufzeichnungen des Philostrates soll das Odeion zumindest teilweise mit einem Holzdach überdacht gewesen sein. Heute erlebt es einen zweiten Frühling: Anläßlich des Athener Festivals werden auf seiner Bühne regelmäßig antike Tragödien, Opern und klassische Ballettstücke aufgeführt.

ATHEN: Der Hephaistos-Tempel

Der Tempel, der im 5. Jahrhundert errichtet und dem Gott des Feuers und der Schmiede geweiht ist, zählt zu den wenigen Bauwerken, deren Gewölbe nahezu vollständig intakt geblieben sind. Im Gedenken an die Vergangenheit ist er heute wieder von einer Gartenanlage umgeben. Im 3. Jahrhundert v. Chr. machten den Ort vor allem Myrthen und Granatapfelbäume zu einem Pflanzenparadies. Die Metopen und Friese an der Ostseite stellen den Herakles-Zyklus dar, an der Nord- und Südseite die Taten des Theseus. Dies erklärt auch, warum der Tempel fälschlicherweise häufig als Theseion bezeichnet wird.

ATHEN: Dionysos-Theater der Akropolis

Das am Südhang der Akropolis gelegene Dionysos-Theater wurde 1833 bei Ausgrabungen wiederentdeckt. Es stammt vermutlich aus dem 4. Jahrhundert v. Chr. oder vom Ende des 5. Jahrhunderts. Man geht davon aus, daß hier zum erstenmal die Dramen von Äschylos, Sophokles, Euripides und Aristophanes aufgeführt wurden. Vor der Errichtung der Marmortribünen saßen die Zuschauer zunächst auf Holzstufen am Hügelabhang. In römischer Zeit wechselten sich Gladiatorenkämpfe und Theateraufführungen ab, sogar Wasserspiele und vermutlich auch Tierkämpfe fanden hier statt.

Piräus: Jachthafen

Piräus (rechts oben im Bild) ist der größte Hafen Griechenlands und neben Marseille und Genua auch einer der bedeutendsten im ganzen Mittelmeerraum. Hier ankern Frachter, Öltanker, aber auch Kreuzfahrtschiffe, die das Mittelmeer befahren, Fähren steuern von hier aus alle griechischen Inseln an. Von allen Seiten ist er von Werften und großen Industrieanlagen umgeben. An der Stelle des antiken Zea-Hafens liegen heute Jachten vor Anker. Die Gründung von Piräus geht auf Themistokles zurück (525 – 460 v. Chr.). Seine Blüte erlebte der Hafen im 5. und 4. Jahrhundert v. Chr. Im Jahre 86 v. Chr. wurde er von dem römischen General Sulla vollständig zerstört. Erst im 19. Jahrhundert gewann Piräus ein Stück seines einstigen Glanzes zurück.

Archäologische Fundstätte nahe dem Hafen von Ägina

Die Insel Ägina war lange Zeit ein großer Rivale des nahe gelegenen Athens und besaß zeitweise die mächtigste Flotte des Mittelmeerraums. Auf Ägina wurden die ersten Silbermünzen Europas geprägt, die über ein Jahrhundert lang in ganz Griechenland in Umlauf waren. Es ist also kein Zufall, hier Überreste aus hellenischer Zeit zu finden, wie etwa dieses Heiligtum auf einer Anhöhe unweit der Stadt Ägina. Von diesem Aphrodite geweihten Tempel ist gleichwohl nur ein einziger Säulenschaft übriggeblieben.

Oben:

Hafen von Ägina

Die Inselhauptstadt Ägina ist auf einer antiken Stätte gelegen, von der noch einige Überreste zu sehen sind: etwa die Molen oder die Kaianlagen der Trieren, die im Wasser des modernen Militärhafens liegen, nicht weit von Karantina entfernt. Die Anlage des modernen Hafens mit seiner charakteristischen Halbmondform stammt größtenteils noch aus dem letzten Jahrhundert. Die seit damals kaum veränderten Häuser haben die Atmosphäre bewahrt. Im Wasser liegen freilich hauptsächlich Kaiken, die nichts mehr zu tun haben mit der einstmals gefürchteten Flotte der Insel, die das Orakel von Delphi so rühmte.

Rechts:

Der Kanal von Korinth

Der Kanal von Korinth ist 6343 Meter lang und nur 23 Meter breit. Gegraben wurde er Ende des 19. Jahrhunderts durch die Landenge, die Attika mit der Peloponnes verbindet. Als ihn 1893 zum erstenmal Schiffe befuhren, erhielt die ursprüngliche Wortbedeutung von Peloponnes, »Insel von Pelops«, wieder eine Berechtigung. Die Idee, den Isthmus von Korinth zu durchbrechen, um die Ägäis mit dem Ionischen Meer zu verbinden, war gleichwohl schon mehr als 2000 Jahre alt. Entgegen allen religiösen Verboten – die natürliche Ordnung durfte nicht gestört werden – und technischen Schwierigkeiten planten zahlreiche kluge Köpfe der Antike seinen Bau. Nero eröffnete sogar im Jahr 67 mit einer goldenen Schaufel die Baustelle. Doch auch Tausende von Arbeitern, zumeist Kriegsgefangene, konnten nicht verhindern, daß das Projekt am Ende scheitern mußte. Im 6. Jahrhundert v. Chr. hatten die Korinther das Problem mit dieser lebenswichtigen Verbindung freilich zum Teil bereits gelöst. Sie konstruierten den Diolkos, eine Schleifbahn mit zwei parallel verlaufenden Schienen. Mit Wagen, die in diesen Schienen liefen, konnten auf diese Weise Schiffe vom Saronischen Golf in den Golf von Korinth transportiert werden. In der Tat verhalf ihnen diese Konstruktion zu beträchtlichen Gewinnen, dank der Gebühr, die sie für die Passage erhoben.

Klöster

Die Bewohner von Thíra wechselten im Laufe des 3. Jahrhunderts zum Christentum über. Klöster und orthodoxe Kirchen zeugen vom Glauben der Menschen auf dieser Insel, die zu Ehren der heiligen Irene den Namen Santoríni annahm.

Folgende Doppelseite:

Thíra (Santoríni)

Die Insel Thíra, in der Antike »die Runde« genannt, zeigt sich seit dem Vulkanausbruch von 1500 v. Chr. in der Form eines Halbmonds. Die Bucht, das ursprüngliche Innere des versunkenen Vulkankraters, ist von rund hundert Meter hohen schwindelerregenden Steilwänden umschlossen. Der Boden besteht aus zu Wülsten erstarrter Lavamasse, die die Menschen stellenweise kultiviert haben. Die Sommergäste aalen sich hier an schwarzen Stränden.

Thíra (Santoríni)

Um 1500 v. Chr. wurde die Insel Thíra, im Grunde nichts anderes als ein aufgetauchter Vulkan, Opfer eines gigantischen Vulkanausbruchs, dem zweifellos eine Reihe von Erdbeben vorausgegangen waren. Das ganze Innere der Insel barst und versank. Das Meer strömte in diese Caldera, einen Schmelztiegel im wahrsten Wortsinn, und löste dadurch eine schreckliche Naturkatastrophe aus. Eine Flutwelle von bislang unbekannten Ausmaßen mit bis zu zweihundert Meter hohen Wellen reichte bis an die Küsten Kretas, dessen Flotte sie zermalmte, während heftige Erdbeben die hochentwickelte Kultur der Insel mitsamt ihren minoischen Palästen zerstörte. In einem Umkreis von mehreren hundert Kilometern ging Ascheregen nieder. Der Hauptkrater liegt seither in einer Tiefe von über dreihundert Metern im Meer, direkt unterhalb der beschaulich daliegenden Reede.

Thíra (Santoríni)

Wie in den meisten der kleinen Orte auf den Kykladen-Inseln sind auch in Thíra die ineinander verschachtelten Häuser mit weiß gekalkten Terrassendächern versehen. Die engen Gassen, die von Treppen unterbrochen werden, bieten dem Fußgänger Schutz vor dem Meltémi, einem starken Wind, der stundenlang blasen kann.

Folgende Doppelseite:

Steilküste von Thíra (Santoríni)

Aus einem Steinblock, den Euphomos, Sohn des Poseidon und einer der Argonauten, in die Ägäis geschleudert hat, soll die Insel entstanden sein. Thíra ist in der Tat eine Art Kiesel mit Steilküsten, den nur der Sohn eines Gottes an diese Stelle gesetzt haben kann. Die alten Griechen nannten sie unter anderem Kalliste, »die Schönste«, aber auch Strongyle, »die Runde«, bis sie ein verheerender Vulkanausbruch, vermutlich der größte in der Geschichte der Menschheit, von Grund auf veränderte. Es entstanden zwei Hauptinseln, Thíra und Thirasía, während ein Teil des Landes in den Fluten versank. Im Laufe der Zeit tauchten nach und nach neue Inseln auf, wie Palaiá Kaméni im Jahr 1573 und Néa Kaméni im Jahr 1712.

Mesariá auf Thíra (Santoríni)

Im Zentrum der Insel Thíra liegt, an einen Hügel geschmiegt, das Städtchen Mesariá. Wie in den meisten der Kykladen-Dörfer sind die Häuser würfelförmig. Ihr strahlendes Weiß reflektiert in der Sonne. Ihre Flachdächer dienen häufig als Terrassen. Runde Formen finden sich allein bei den blau gestrichenen Kuppeln der Kirchen.

Insel im Hafen von Náxos

Náxos, die größte und fruchtbarste Insel der Kykladen, ist der Geburtsort des Dionysos. Er wurde aus Zeus' Schenkel auf dem Berg Zas geboren. Es wundert also keineswegs, daß die Insel seit der Antike für die Qualität ihrer Weine gerühmt wird. Ob der Tempel, dessen Überreste – insbesondere eine Tempeltür aus Marmor – auf der kleinen Insel am Eingang des Hafens von Náxos zu bewundern sind, Dionysos oder Apollo geweiht war, ist nicht bekannt. Fest steht hingegen, daß die bescheidene kleine katholische Kirche der heiligen Maria geweiht war. Im 13. Jahrhundert, als die Venezianer auf der Insel herrschten, diente sie gar als Kathedrale.

Folgende Doppelseite:

Ermoúpoli auf Syros

Die Hauptstadt der Kykladen-Inseln heißt nach Hermes, dem Gott des Handels. In der Tat hat sie einen belebten Hafen, in dem Schiffe aus Piräus fast zwangsläufig anlegen, bevor sie die Kykladen anfahren. Einst war sie sogar der wichtigste Handelsplatz Griechenlands und noch Anfang des 20. Jahrhunderts, als die große Blüte von Piräus begann, sein größter Hafen. Hier befinden sich noch immer die größten Werften des Landes.

MINOAN LINES

Ermoúpoli auf Syros

Die Stadt mit den zwei Gesichtern wurde auf Zwillingshügeln errichtet. Auf dem lateinischen Ano Syros ragt die katholische Sankt-Georgs-Kathedrale auf, der andere Hügel, Vrontado, ist mit seiner Anastis-kirche orthodox. Ano Syros wurde im Laufe des 13. Jahrhunderts von den Venezianern erbaut, als sie die Kykladen eroberten. Der Vrontado entstand erst sechs Jahrhunderte später, als die Bewohner von Chíos 1821 von den Türken vertrieben wurden und sich hierher flüchteten. Das grausige Massaker hat Eugène Delacroix auf einem Gemälde festgehalten.

Folgende Doppelseite:

Mykonos

Der Legende nach ist Mykonos einer der Felsen, mit denen Poseidon im Kampf mit den Giganten seine Feinde erschlug. Inzwischen haben sich auf der Insel Menschen angesiedelt, obwohl sie wenig einladend und nicht sehr fruchtbar ist. Die Stadt Mykonos ist um eine natürliche Bucht herum errichtet, die als Hafen dient. Ihre stets blütenweißen Häuschen und die engen Gassen, die dem Passanten Schutz vor dem wütenden Meltémi-Wind bieten, machen sie besonders reizvoll. Viel zur Berühmtheit der Insel beigetragen haben nicht zuletzt die im Halbrund um die Hafenbucht errichteten Windmühlen mit ihren konischen Dächern.

Mykonos

Auf der windigen und kargen Insel Mykonos finden sich zahlreiche Kirchen und Kapellen, die zumeist als Einlösung eines Gelübdes gestiftet wurden. Die Inselbewohner gelten als gute Seeleute, es waren wohl auch ein paar Piraten unter ihnen. Wenn im Sturm schon alles verloren schien, gelobten sie, eine Kirche zu errichten, falls sie ihn lebend überstehen sollten. Angesichts der erstaunlichen Zahl von Gebetsstätten auf Mykonos läßt sich folgern, daß die Methode wohl recht erfolgreich war. Der Himmel hat in der Tat einige Seelen gerettet.

Mykonos

In Tria Pigadia, dem Westviertel der Stadt, wurden die Häuser direkt auf den Felsen am Küstenrand errichtet. Die aus den Fassaden über das Meer auskragenden, rot und blau gestrichenen Balkone und Vorbauten verstärken den Eindruck, die Stadt sei auf dem Wasser gebaut. Nicht umsonst wird sie das Klein-Venedig der Ägäis genannt. In diesem malerischen Viertel finden sich direkt am Wasser auch zahlreiche Cafés.

Folgende Doppelseite:

Küste von Delos

Diese felsige und unwirtliche Insel zwischen Attika und Kleinasien ohne natürlichen Hafen und ohne Süßwasservorkommen hat erstaunlicherweise seit der Hochantike immer wieder Menschen angezogen. Jahrhundertelang war sie eine der bedeutendsten Stätten der griechischen Welt, sowohl politisch als auch wirtschaftlich und religiös: Ihr Apollo-Heiligtum war Treffpunkt von Pilgern aus ganz Hellas. Sie kamen alle vier Jahre im Mai hierher, um zu Ehren des Gottes die Delischen Spiele abzuhalten. Mit dem größten Tempel der Ägäis war die Insel unbezwingbar, was auch zum Teil ihren Aufschwung und ihre Vormachtstellung im wirtschaftlichen Bereich erklärt. Ihre Bedeutung verlor die Insel endgültig nach den Plünderungszügen des Königs Mithridates von Pontos im Jahr 88 v. Chr., gegen den sie in Treue zu Rom Partei ergriffen hatte.

club
Veranda

Links:

Tínos

Die Insel Tínos zieht vor allem an Mariä Himmelfahrt Ströme von Wallfahrern an. Die Kirche Panagía Evangelístria bekam den Beinamen »orthodoxes Lourdes«, nachdem 1822 eine Ikone des heiligen Lukas gefunden wurde. Eine Nonne soll den Fundort in Visionen von Maria erfahren haben. Direkt auf der Fundstelle wurde die Kirche errichtet, in der die wundertätige Ikone unter Bergen von Schmuck aufbewahrt wird. Die Insel ist einer der katholischsten Orte der Kykladen, davon zeugen viele Kirchen und Klöster. Die Venezianer hatten hier fünf Jahrhunderte lang (1207 bis 1714) das Sagen, bis sie von den Türken vertrieben wurden.

Rechts:

Archäologische Stätte auf Delos

Die Insel, auf der Apollo und seine Schwester Artemis geboren sind, besitzt eine der interessantesten archäologischen Stätten Griechenlands und eine der wenigen antiken Städte, die bis heute erhalten sind. Unter den 1873 wiederentdeckten Überresten befindet sich ein zwischen Ende des 4. und Mitte des 3. Jahrhunderts errichtetes Theater, das freilich schon recht zerfallen ist. Angelegt an einen Hang, konnte es bis zu 5500 Besucher aufnehmen.

Folgende Doppelseite:

Archäologische Stätte auf Delos

Ein seltener Fall: Ausgrabungen brachten vollständige und sehr gut erhaltene Wohnviertel zutage. In zahlreichen Häusern konnte man sogar Bodenbeläge und Wandschmuck freilegen. Einige sind mit schönen Mosaiken versehen, auf denen der Gott des Weines und des Rausches dargestellt ist. Das Haus der Delphine beherbergt ein Mosaik, das dem Haus seinen Namen gab: Es zeigt auf Delphinen reitende Eroten mit Götterattributen.

Archäologische Stätte auf Delos

Das heilige Delos trieb frei im Wasser, bis Poseidon es mit stabilen Säulen verankerte. Um anlegen zu können, mußte man dennoch allenthalben Reeden bauen. Auf diese Weise entstand eine der schönsten Städte der griechischen Antike. Neben den Tempeln, die Apollo, Artemis, Dionysos, Asklepios, Hera, aber auch einer Reihe fremder Götter geweiht waren, wie den ägyptischen Gottheiten Serapis, Anubis und Isis oder dem jüdischen Jahwe, besaß Delos auch ein großes Theater und zahlreiche Wohnviertel. Zu den schönsten Ruinen gehört die Löwenterrasse am Ende der Prozessionsstraße am Ufer des Heiligen Sees, wo noch fünf von einst 21 weißen Marmorlöwen in Habtachtstellung Wache halten.

Folgende Doppelseite:

Küste von Delos

Delos ist nur eine winzige Insel, knapp fünf Kilometer lang und einen Kilometer breit, sie ist felsig und unwirtlich, denn sie besitzt keinen natürlichen Hafen und kein Süßwasser. Dennoch wurde sie ab dem 3. Jahrtausend v. Chr. von Menschen bewohnt und wurde, vermutlich um 1000 v. Chr., das Zentrum eines Apollo-Kults und religiöse Hauptstadt der ionischen Kykladen.

Oben und rechts:

Landschaft auf Ios

Trotz des Touristenansturms hat die Insel Ios noch eine Reihe von Traditionen bewahrt. Obwohl das Klima trocken ist, wird hier Landwirtschaft betrieben. Der überwiegende Teil des erschlossenen Landes dient entweder als Schafweide oder als Wingert. Lange vorbei ist die Zeit, als man noch genügend Getreide erntete, um die Windmühlen in Gang zu halten, die die Körner zermahlten. Die Mühlen existieren immer noch, doch ihre Blätter drehen sich leer im Wind. Der Überlieferung nach soll Homer auf Ios gestorben sein, als er bei einer Reise von Sámos nach Athen hier Station machte. Man vermutet sein Grab an der Nordspitze der Insel, nahe der Bucht von Plakotos.

Folgende Doppelseite:

Levitha

Die kleine Insel Levitha im Nordwesten des Dodekanes zwischen Léros und Amorgós ist trocken und besitzt wenig Süßwasservorkommen. Aus diesem Grund ist sie bislang von Touristenschwärmen verschont geblieben, zumal sie im großen Seehandelsverkehr der Ägäis nie eine Rolle spielte.

Links:

Archäologische Stätte bei Náxos

Auf der felsigen kleinen Insel Palatia wurden bei Ausgrabungen die Überreste eines Heiligtums gefunden. Nach seinem Sieg über den kretischen Minotaurus hatte Theseus an dieser Stelle Ariadne zurückgelassen, nachdem sie ihn mit Hilfe ihres berühmt gewordenen Fadens aus dem unüberwindlichen Labyrinth des Dädalus befreit hatte. Der freigelegte Tempel stammt aus dem 6. Jahrhundert v. Chr., als der Tyrann Lygdamus hier herrschte. Seine Flotte kontrollierte damals die gesamten Kykladen. Nur eine fünfeinhalb Meter hohe Tempeltür aus weißem Marmor ist von dem einstigen Heiligtum erhalten geblieben, das Dionysos oder Apollo geweiht war.

Unten:

Kloster auf der Halbinsel Kéa

Kéa ist die Kykladen-Insel, die Attika am nächsten liegt. Von Kap Sounion aus ist sie gut zu sehen. Berühmt sind ihre Heiligtümer, insbesondere das Kirchlein auf der Halbinsel Agía Eiríni in der Nähe von Vourkári und das Kloster Panajía Kastrianí unweit von Otziás.

Folgende Doppelseite:

Altstadt von Rhodos

An der Nordspitze der Insel liegt die alte Stadt Rhodos, umschlossen von einer vier Kilometer langen Befestigungsmauer mit wehrhaften Stadttoren. Ihr Anblick läßt Bilder aus einer anderen Epoche erstehen, als hier die Ritter des Johanniterordens herrschten, die die Insel im Jahre 1309 nach zwei langen Jahren der Belagerung unterwarfen. Zwischen 1480 und 1501 errichteten sie die Befestigung neu, wobei sie Kurtinen verstärkten und die Brustwehr erweiterten. Sie legten zudem tiefe Gräben an, die heute von üppiger Vegetation überwuchert sind. Belagert von der türkischen Armee unter Suleiman dem Großen, waren die Johanniter schließlich gezwungen zu kapitulieren und flüchteten unter der Führung von Villiers de L'Isle-Adam nach Malta. Am Eingang des Hafens stand einst der Koloß, eines der Sieben Weltwunder der Antike. Es war eine riesige Statue des Gottes Helios, unter der alle Schiffe hindurchfahren mußten. Die Bronzestatue wurde im 3. Jahrhundert v. Chr. von dem Bildhauer Chares aus Lindos geschaffen. Bereits einige Jahrzehnte später, 227 v. Chr., wurde sie allerdings bei einem Erdbeben zerstört. Die Steinsockel blieben stehen, bis sie ein arabischer Händler kaufte.

Kámeiros

Die 1859 entdeckte antike Stadt Kámeiros war in Form eines Amphitheaters an den Abhang eines Hügels mit Sicht auf das Meer gebaut. Bei Ausgrabungen fand man Überreste eines riesigen Wohnviertels, einer Agora, eines heiligen Ortes sowie profaner und religiöser Gebäude aus hellenischer Zeit.

Oben:

Strand von Rhodos

Sonnenanbeter lieben die Strände von Rhodos, die würdigen Erben der Nymphe Rhoda, die Gattin des Sonnengottes Helios, die der Insel ihren Namen lieh. Als Zeus das Universum aufteilte, vernachlässigte er Helios. Doch der hatte ohnehin bereits ein Auge auf eine Insel geworfen, die gerade erst aus den Fluten des Meeres aufgestiegen war, und verliebte sich in die Nymphe, die diese Gestade bewohnte: Rhoda, die Tochter des Poseidon.

Rechts: **Friedhof**

Folgende Doppelseite:

Kleine Insel bei Kos

Kos wurde vor allem durch Hippokrates berühmt, den Begründer der westlichen Medizin und Nachfahre von Asklepios. Wenige Taulängen von Kos entfernt liegen einige einsame Inseln im Meer verstreut. Lichtjahre scheinen sie von der Mutterinsel zu trennen, die bereits in der Antike beträchtliche Ströme von griechischen und römischen Patienten aufnahm und auch heute von zahlreichen Touristen heimgesucht wird.

Kleine Insel bei Psérimos

Psérimos ist eine winzige Insel mit ein paar Dutzend Einwohnern. Man kann sie mit dem Boot von Kálymnos oder Kos aus erreichen. Es herrscht hier so tiefe Stille, daß man sich auf der Suche nach Abgeschiedenheit gar nicht weiter auf die umgebenden Felsinseln zurückziehen muß.

Nikiá auf der Insel Nísyros

Im Kampf mit den Giganten riß Poseidon ein Stück Felsen aus der Insel Kos, um seinen Feind Polybos zu erschlagen. Nísyros ist dieser vulkanische Felsbrocken, der hier ins Meer fiel. In seinem Zentrum auf dem Hochplateau von Lakki ragen zwei Krater namens Alexander und Polybos auf, unter denen der Gigant begraben liegen soll. Zwei Dörfer sind an ihren Abhängen entstanden, eines davon ist Nikiá. Man lebt hier von den Erträgen der Felder auf den fruchtbaren Vulkanhängen. Wasser muß in Zisternen aufgefangen werden, denn auf Nísyros gibt es kein einziges Süßwasserrinnsal.

Folgende Doppelseite:

Olympos auf Kárpathos

Kárpathos, am äußersten Ende der Ägäis gelegen, inmitten der Weiten des Mittelmeers, ist eine bergige, sehr schroffe und relativ wenig entwickelte Insel, die gleichwohl von zahlreichen Amerikanern – ausgewanderten Inselbewohnern – besucht wird, die regelmäßig hierherkommen, besonders wenn sie heiraten wollen. Olympos ist ein strahlend weißes Dorf, das sich in sechshundert Metern Höhe geschützt vor dem Meltémi-Wind an die Berghänge schmiegt. Es ist immer noch weitgehend autark, davon zeugen funktionierende Windmühlen und Backöfen, in denen die Frauen einmal pro Woche ihren zu Hause vorbereiteten Brotteig backen.

Vorhergehende Doppelseite:

Agrarflächen auf der Insel Arkí

Auf der kleinen Insel im Norden des Dodekanes leben gerade ein paar Dutzend Menschen, dennoch ist sie vorbildlich bewirtschaftet. Der Boden ist hier sehr steinig, so daß die Bewohner gezwungen waren, die Steine von den Feldern zu entfernen, Terrassen zur landwirtschaftlichen Nutzung anzulegen und bestimmte Parzellen als Weideplätze für die Schafe mit niedrigen Steinmauern zu umgeben.

Oben links und oben:

Chíos

Die Insel Chíos behauptet gern von sich, der Geburtsort von Homer zu sein. Sie ist überzogen von wunderschönen Kirchen und Klöstern. Wenn sie auch nicht alle so prächtig und einzigartig sind wie Méa Moní, so sind sie doch zumindest häufig eine Fundgrube zahlreicher Kunstwerke.

Links unten und rechts:

Wehrklöster auf Sámos

Sámos, die griechische Insel, die dem asiatischen Kontinent am nächsten liegt, besitzt ebenfalls imposante Klöster, die zumeist als Festung ausgebaut sind.

Folgende Doppelseite:

Kloster Néa Moní auf Chíos

Das Kloster Néa Moní (»Neues Kloster«) liegt im Zentrum der Insel Chíos in einer herrlichen grünen Landschaft. Es ist eines der größten byzantinischen Monumente Griechenlands. Wehrmauer und ein verfallener Turm deuten darauf hin, daß es zur Festung ausgebaut wurde. Das Katholikon, die Hauptkirche des Klosters, beherbergt schöne Mosaiken aus dem 11. Jahrhundert und Fresken aus späteren Jahrhunderten. Die Anlage wurde Mitte des 11. Jahrhunderts von Kaiser Konstantin IX. Monomachos gegründet. Das beeindruckende Kloster wurde von der UNESCO zum Weltkulturerbe erklärt und wird jetzt restauriert.

Klöster auf Chíos

Zahlreiche, stets von Mauern umgürtete Kirchen und kleine Klöster, die weniger prachtvoll sind als Néa Moní, liegen unweit des großen Konvents in der Landschaft von Chíos verstreut.

Folgende Doppelseite:

Pythagóreio auf Sámos

Sámos ist die Heimat des genialen Mathematikers und Philosophen Pythagoras, der im 4. Jahrhundert v. Chr. lebte. 1955 nahm die kleine Stadt Tigáni, die an der Stelle der antiken Stadt Sámos steht, den Namen des berühmtesten Inselbewohners an und wurde zu Pythagóreio. Der Pier des direkt am Meer gelegenen Städtchens wurde auf den vom Tyrannen Polykrates gebauten Molen aus dem 4. Jahrhundert v. Chr. errichtet, von denen Herodot voller Begeisterung erzählt. Dies sind hier nicht die einzigen Spuren des antiken Griechenlands. Ausgrabungen brachten Überreste von Ringmauern, ein Theater und vor allem den Tunnel von Eupalinos zutage, ein unterirdisches Aquädukt, das unter der Herrschaft des Polykrates gegraben wurde und die Stadt im Falle einer Belagerung mit Wasser versorgen sollte.

Fischer auf Skiáthos

Noch gibt es ein paar Fischer mit ihren Booten auf Skiáthos im Norden der Sporaden, auch wenn die Insel der schlimmsten Art des Massentourismus anheimgefallen ist. Im Sommer sind die zahlreichen Sandstrände (es wurden siebzig gezählt) regelmäßig überfüllt mit Menschen. Doch die Wirte der Tavernen schätzen die frisch gefangenen Fische, die sie zu gesalzenen Preisen anbieten können.

Folgende Doppelseite:

Landschaft bei Thessaloníki

Skiáthos

Unweit der Küste Thessaliens, gegenüber der Halbinsel von Pélion liegt Skiáthos, die kleinste, aber gleichwohl bekannteste und zugleich am meisten überlaufene Insel der Sporaden. In der Stadt Skiáthos sind die weißen Häuser mit ihren roten Ziegeldächern gestaffelt angelegt. Ein Gewirr aus steilen Gassen, die immer wieder von Stufen unterbrochen werden, führt zwischen ihnen hindurch. Im Laufe der Zeit wurde das Städtchen nicht nur bei Athenern ein beliebter Erholungsort, was seinem beschaulichen Charme außerhalb der Saison allerdings keinen Abbruch tut.

Folgende Doppelseite:

Landschaft bei Thessaloníki

Oben:

Xenofóntos-Kloster

Die Klöster auf dem Berg Athos, wie das Xenofóntos-Kloster aus dem 10. Jahrhundert, sind noch heute von Befestigungsmauern umgeben, die – soweit es das Gelände zuläßt – ein Rechteck beschreiben. Bewehrt mit Zinnen, Pecherkern und Türmchen, besitzt der Mauerwall nur ein einziges Eingangstor. Ein massiver Wehrturm kann die Anlage ergänzen. An einem mit Steinplatten ausgelegten Hof im Innern steht das Katholikon, die Hauptkirche, mit seinen vier Säulen und den bleigedeckten Kuppeln. Im allgemeinen schließen sich hier die Trapeza, das Refektorium des Klosters, sowie die Phiale, der Brunnen für die rituellen Waschungen, und häufig auch Nebenkapellen an. Das gesamte Kloster ist von Sonnenuntergang bis -aufgang geschlossen, wobei die Schließung des Tores ein Ritus ist, der von allen Klöstern peinlich genau befolgt wird.

Rechts:

Haus auf dem Berg Athos

Neben den großen Klöstern existieren noch andere, kleinere Mönchsgemeinschaften auf dem Berg Athos. In den oft wehrhaft befestigten sogenannten Skítes, Asketendörfern, oder in Kellia, abgelegenen Häusern, leben zwei bis drei Mönche zusammen nach den gleichen klösterlichen Arbeits- und Gebetsregeln. Immer gehört eine Kapelle dazu, und immer untersteht die Gemeinschaft einem Kloster. Darüber hinaus gibt es Mönche, die eine wieder andere Lebensform gewählt haben. Sie leben in kleinen Gruppen zusammen in Hütten, den Salabaitis, die keine heilige Stätte besitzen. Die Anachoreten wiederum leben in Felsklüften und haben keinen direkten Kontakt zu den anderen Mönchen. Nur der Korb, in dem ihnen letztere einmal im Monat Nahrung von der Klippe hinunterlassen, verbindet sie mit der Außenwelt. Wird ein Korb ungeleert heraufgezogen, kündet dies von ihrem Tod. Wieder andere, die Gyrovagen, Bettelmönche, ziehen von Kloster zu Kloster, bitten um Nahrung und psalmodieren Gebete.

Vorhergehende Doppelseite:

Sankt-Paulus-Kloster

Gegründet wurde das Sankt-Paulus-Kloster von Paulus Xiropotamos, einem Zeitgenosse des heiligen Athanasios, dem Gründer des Vatopédi-Klosters. Es ist heute der Darstellung Jesu im Tempel geweiht. Der Turm, das älteste Gebäude der Anlage, stammt von 1521. Hier wohnen bis zu zweihundert Mönche, die zunächst von der Freigebigkeit der Habsburger, später von der Unterstützung der russischen Zaren, vor allem Alexanders I. und Nikolaus' I. Das Katholikon, das zwischen 1839 und 1844 errichtet wurde, beherbergt eine Reliquie des heiligen Kreuzes und zahlreiche Ikonen. Die Bibliothek besitzt über 12 000 Bände, davon sind fast fünfhundert Handschriften.

Rechts:

Vatopédi-Kloster

Die Farbe Rot ist ein besonderes Merkmal der Klostergebäude von Moní Vatopédiu, sie symbolisiert das Blut Christi, das für die Erlösung der Menschen vergossen wurde. Vatopédi ist eines der reichsten Klöster der Halbinsel, es besitzt eine Reliquie des heiligen Kreuzes und den Gürtel der Mutter Gottes, der zuvor die Hagia Sophia von Konstantinopel geziert hatte. Die Bibliothek enthält unschätzbar wertvolle Handschriften, darunter eine Abschrift der geographischen Abhandlungen von Ptolemäus, Pergamente, Inkunabeln und über 10 000 Bücher.

Folgende Doppelseite:

Großes Lávra-Kloster

Das Große Lávra-Kloster, Megístis Lávras, gegründet um 963 vom heiligen Athanasios mit der finanziellen Unterstützung vom byzantinischen Kaiser Nikephoros Phokas, ist das älteste der Athos-Klöster. Es ist eine wehrhafte Anlage, die vom Tzimiskes-Turm überragt wird. Das Katholikon war zunächst dem heiligen Athanasios geweiht, dann vermutlich ab dem 15. Jahrhundert der Himmelfahrt Marias. Es beherbergt eine Reliquie des heiligen Kreuzes und das Grab seines heiligen Gründers. Die Bibliothek ist mit ihren über 2000 Handschriften ein wahres Juwel. Dazu zählt auch eine Bibel aus den 10. Jahrhundert, die aus dem Besitz des Nikephoros II. Phokas stammt.

Sankt-Andreas-Skíte

Die Sankt-Andreas-Skíte wurde zwischen 1857 und 1900 unweit von Karyés errichtet, der kleinen Hauptstadt von Athos, und untersteht dem Vatopédi-Kloster. Sie wird auch Serai, also russisch, genannt, weil sie für Mönche eingerichtet wurde, die Untertanen des russischen Zaren waren. Es ist eine riesige Anlage, die den Klöstern in nichts nachsteht, weder in der Größe noch in der Pracht ihrer Hauptkirche. Diese ist berühmt als imposanteste der Athos-Kirchen, die gleichzeitig eine der bedeutendsten der orthodoxen Welt ist.

Vatopédi-Kloster

Das in einer kleinen Bucht an der Ostseite des Berges Athos gelegene Vatopédi-Kloster ist der Verkündigung Marias geweiht. Seine Gründung wird auf Ende des 10. oder Anfang des 11. Jahrhunderts datiert. Es ist somit nach Lávra das älteste Kloster auf dem Heiligen Berg (Hagion Oros), wenngleich der Legende nach Kaiser Theodosios I. zu Beginn des 4. Jahrhunderts der Gründer gewesen sein soll. Der Turm besitzt etwas für Athos Untypisches: eine Uhr, die ganz und gar unnütz ist, weil sich die Mönche ohnehin nach dem Lauf der Sonne richten und keinerlei Zeitmessung benötigen. Das Katholikon beherbergt Fresken aus dem 13. Jahrhundert und ein Mosaik, das vermutlich aus dem 11. Jahrhundert stammt.

Folgende Doppelseite:

Kloster auf dem Berg Athos

Auf der Halbinsel liegen zwanzig Klöster. Diese Zahl ist in einer Charta festgelegt, die die Gründung eines 21. selbst dann verbietet, wenn die Anzahl der Mönche zu groß werden würde. Dies behindert gleichwohl in keiner Weise die Gründung neuer klösterlicher Anlagen, sofern sie verwaltungsmäßig einem der zwanzig offiziellen Klöster unterstellt werden. Auf diese Weise gibt es etwa ein Dutzend Skítes auf dem Berg Athos und eine ganze Reihe von Einsiedeleien. Diese sind zum Teil nichts anderes als in Felswände gegrabene Grotten, in denen Anachoreten ohne jegliche Verbindung zur Außenwelt leben.

Vorhergehende Doppelseite:

Skorpios

Im Golf von Nidri, auf der Höhe der Halbinsel Levkádia (Lefkas) liegt die kleine Insel Skorpios, die in Privatbesitz ist. In der Welt des Jet-set wurde sie berühmt als Refugium des schwerreichen Reeders Aristoteles Onassis.

Links und rechts:

Korfu

Die Stadt Korfu (Kerkyra) ist griechisch und britisch, unbestreitbar aber auch italienisch geprägt. Von Griechenland hat sie die bezaubernde Atmosphäre, die byzantinischen Kirchen, darunter Hagios Spiridon, die dem Schutzheiligen der Stadt geweiht ist, und Überreste aus antiker Zeit. Italien, oder genauer gesagt, Venedig, verdankt sie die alte Zitadelle und die Neue Festung, beides militärische Gebäude aus dem 16. Jahrhundert, das Theater aus dem folgenden Jahrhundert sowie einige schöne Wohnhäuser. England schließlich hinterließ den klassizistischen Königspalast, in dem die britischen Gouverneure wohnten. Gegenüber beginnt die Spianada, die von Arkadenhäusern gesäumte Esplanade. Sie stammt aus der kurzen Zeit der französischen Besatzung, die von 1807 bis 1814 dauerte. Im Norden führt sie an einem Cricket-Platz vorbei, einem Erbe der Briten, wie es typischer nicht sein könnte.

Folgende Doppelseite:

Fiscardo auf Kefalloniá

An der Nordspitze von Kefalloniá, der größten der ionischen Inseln, liegt das Städtchen Fiscardo. Es ist zweifellos der einzige Ort Kefalloniás, der von dem heftigen Erdbeben verschont wurde, das 1953 hier tobte. Auf diese Weise konnte es seine nostalgische Atmosphäre bewahren. Die Häuser in venezianischem Stil blieben erhalten, ebenso die Meeresufer mit ihren zahlreichen Fischerhäusern, die der Stadt ihren Charme verleihen. Die Bewohner der Insel zu mykenischer Zeit gingen in das große Epos Homers ein, indem sie ihren König, Odysseus, bis an die Stadtmauern Trojas begleiteten.

CAPTAINS CABIN
BREAKFAST-PIZZA-MEALS PUB

Kloster auf Vlachérne

Im Süden der Stadt Korfu liegt die Halbinsel Kanóni, die ihren Namen der Kriegswaffe zu verdanken hat. Nur wenige Meter von ihrem Ufer entfernt liegt die kleine Insel Vlachérne, auf der nichts außer einem Kloster Platz hat. Auf dem Gebäude mit seinem roten Ziegeldach und den schneeweißen Wänden zeichnen sich die Schatten zweier Zypressen ab. Das Inselchen erhebt sich so gering über den Meeresspiegel, daß es scheint, als schwimme es auf den Fluten, nur durch ein dünnes Tau an der Mole festgehalten. Gleich nebenan liegt die kleine Insel Pontikonísi, auch Maus-Insel genannt. Auf ihr erhebt sich eine Kirche an der Stelle, wo Odysseus einst gestrandet sein soll, nachdem er im Sturm vom Kurs abgekommen war.

Insel Nisí im See von Ioánnina

Es gibt keinen romantischeren Ort als die winzige Insel Nisí im Pamvótis-See, an dessen Ufern Ioánnina entstand, die Hauptstadt von Epirus. Die Insel ist berühmt für ihre zahlreichen Klöster – nicht weniger als sechs drängen sich auf dem Inselchen. Sie stammen im allgemeinen aus dem 13. Jahrhundert und besitzen bis auf eines, das Panteleimon-Kloster, prachtvolle Fresken. Agios Panteleimon ist bekannt, weil in seiner Nähe Ali Pascha ermordet wurde, der einer Falle der Osmanen zum Opfer fiel. Die Insel trägt seither auch den Namen der Geliebten von Ali Paschas Sohn, Kyra Frossini, die sich dem Vater verweigerte. Zur Strafe ließ er sie in einen Sack nähen und bei lebendigem Leib in den See werfen, ebenso wie 16 weitere junge Mädchen aus ihrem Gefolge.

Folgende Doppelseite:

Strand der Insel Zákynthos

Die Strände von Zákynthos, der südlichsten aller ionischen Inseln, sind herrlich, wenn auch bisweilen auf dem Landweg schwer erreichbar, da sie zum Teil von hohen Felswänden umschlossen sind. Im Sommer allerdings legen hier Boote und Jachten an, um ihre sonnenhungrige Fracht abzuladen. Von Jahr zu Jahr werden sie zahlreicher, was für die Strände von Zákynthos eine Tragödie bedeutet. Seit Jahrhunderten findet hier nämlich eine weitere Invasion statt: die der Meeresschildkröten. Einmal im Jahr kommen sie an Land, um ihre Eier abzulegen – am Ende eines langen Weges, der ihnen nicht erspart bleibt. Von Schiffsschrauben zum Teil tödlich verletzt, erstickt in Plastiktüten, die sie für Medusen, ihre bevorzugte Nahrung, halten, während der Legezeit ständig gestört von neugierigen Touristen, kommen sie immer seltener, um an diesen Stränden für Nachwuchs zu sorgen. Die Jungen, die im August und September, also während der Hauptsaison, ausschlüpfen – sofern ihre Eier nicht von einem Sonnenschirmstiel durchbohrt wurden oder sie durch Fahrzeuge, die den Sand verdichten, erstickt werden –, müssen ihren Weg ins Wasser finden. Und das ist keine leichte Aufgabe. Tagsüber ist es vollkommen unmöglich, wenn die Strände überfüllt sind, nachts irritieren sie Lichter und Geräusche manchmal so sehr, daß sie auf der vergeblichen Suche nach dem Meer stundenlang im Kreis herumirren und am Ende erschöpft und völlig ausgetrocknet sterben.

Oben:

Métsovo

Im Gebiet Zagória, mitten im Píndos-Massiv, in einer herrlichen bewaldeten Landschaft, wo es noch Bären und Wölfe gibt, liegt Métsovo. In dem kleinen Bergdorf findet man noch alte Holzhäuser, wie sie für den Balkan typisch sind. Obwohl es ein beliebter Ferienort geworden ist, trifft man doch hin und wieder noch Einheimische an, die ursprünglich aus der Walachei stammten und auch die Sprache dieser Gegend sprechen. Vor allem bei Hochzeiten, die wie eh und je pompös gefeiert werden, tragen sie noch ihre traditionellen Trachten.

Rechts:

Kloster von Varlaám

Im Grunde sind sie nichts weiter als das Ergebnis starker Erosion. Dennoch scheinen die schwindelerregenden Felsgiganten übernatürlichen Ursprungs zu sein, zumal sie von riesigen Gebäuden gekrönt sind, für deren Bau über Strickleitern und Körbe sowohl Arbeiter als auch Material hochgehievt werden mußten. Es sind Klöster, von denen sechs den Unbilden der Geschichte widerstanden. Zu Beginn ließen sich Eremiten auf den glatten und unzugänglichen Sandsteinsockeln nieder. Sie richteten dort zunächst Einsiedeleien ein, im Laufe des 14. Jahrhunderts dann metéora monastiria, also »Luftklöster«. Kein Name könnte die Realität besser beschreiben. Auf den 24 Felsen standen ab dem 15. bis ins 17. Jahrhundert 24 Klöster. Im 16. Jahrhundert kamen Künstler, die sie ausschmückten, darunter einige Kreter, wie Theophanis, der 1527 die Fresken der Stiftskapelle von Agios Nikolaos schuf, oder Frangos Castellanos aus Theben, von dem die Fresken der Klosterkirche von Varlaám (1563) stammen. Noch vor kurzem gab es keinen Zugangsweg zu den Klöstern. Die ersten Besucher mußten den Weg wählen, den auch die Mönche selbst benutzten: Körbe, in denen sie Platz nahmen und mit Hilfe einer Seilwinde bis zum höchsten Punkt des Felsens hochgezogen wurden.

Folgende Doppelseite:

Die Metéora-Klöster

Landschaft am Golf von Ambrakia

Auf der Höhe des Golfs von Ambrakia vermischt sich das Meer mit dem Süßwasser, das die Flüsse Arachinos und Louros mitbringen, so daß eine riesige Lagune entstand. Hier fand im Jahr 31 v. Chr. die berühmte Schlacht von Actium statt, in der sich Octavian und Antonius gegenüberstanden. Auf die Flotte von Antonius, dem Gemahl der ägyptischen Königin Kleopatra, trafen die Schiffe von Octavian, der sie entscheidend schlug. Antonius und Kleopatra flohen nach Ägypten, Octavian wurde Alleinherrscher in Rom. Zur Feier dieses Sieges gründete dieser nicht weit von dieser Stelle enfernt die Stadt Nikópolis.

Folgende Doppelseite:

Feldarbeit auf Kreta

Am Fuße des Berges Ida, wo Zeus aufwuchs, liegt die Ebene von Mesará, die seit jeher die Kornkammer Kretas ist. Es ist die einzige Gegend der Insel, deren Boden fruchtbar genug ist, um Getreide hervorzubringen. Zudem herrscht hier ein mildes Klima, das den Anbau erleichtert. Doch die nur sehr dünne Bodenschicht ist nicht strapazierfähig. Am besten eignet sich für ihre Bearbeitung ein Pflug, der von einem Tier gezogen wird, denn auf diese Weise wird der Humus am besten geschützt. Trotzdem sind die Furchen so gerade, als sei der Pflug entlang eines Lineals gezogen worden.

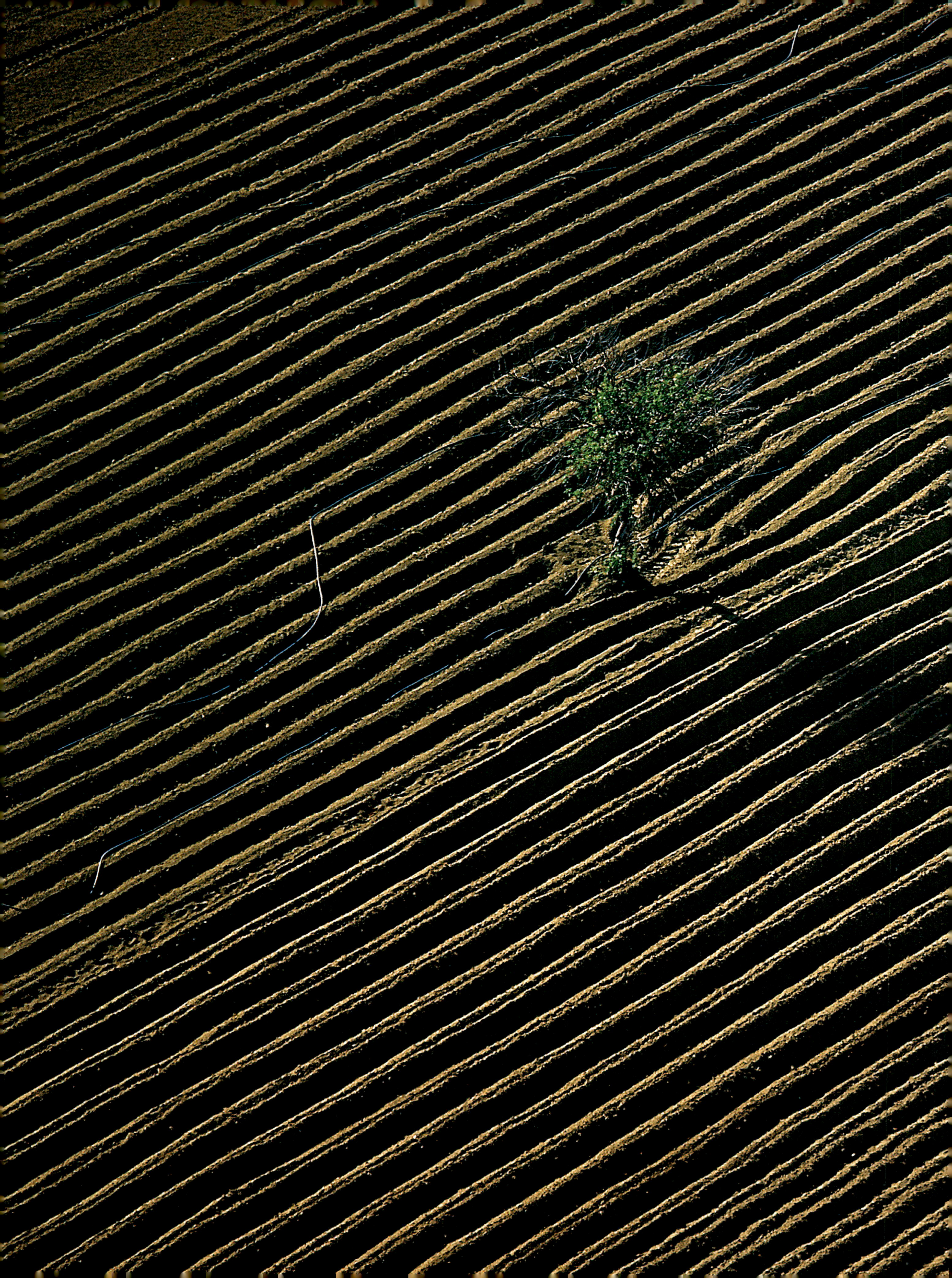

Oben:

Archäologische Stätte von Górtys

Zu den Zeiten der Römer, die sich bereits im 1. Jahrhundert v. Chr. auf der Insel niederließen, war Górtys die Hauptstadt einer Provinz, die aus Kreta und Kyrenaika in Nordafrika gebildet wurde. Im 4. Jahrhundert wurde sie zur Hauptstadt Kretas und blieb von großer Bedeutung, bis die Insel von den Arabern erobert wurde. Die Überreste, die man hier findet, sind also überwiegend römischen Ursprungs. Freigelegt wurde unter anderem ein Odeion von Anfang des 2. Jahrhunderts, das unter der Herrschaft von Trajan errichtet wurde. An dieser Stelle fand man die gortynischen Gesetzestafeln: Steinblöcke, auf denen ein Regelwerk aus dem 4. Jahrhundert v. Chr. eingemeißelt ist, das Besitzrecht und persönliche Freiheiten regelt. Ein anderes beeindruckendes Monument ist die byzantinische Basilika Hagios Titos, von der allerdings nur noch eine dreiteilige Apsis erhalten ist.

Rechts:

Schäfer in den kretischen Bergen

Die Schafzucht ist sehr verbreitet auf Kreta. Nicht selten trifft man an schönen Tagen einen Schäfer, der seine Herde die steinigen Wege entlang zu den mageren Weidegründen in den kretischen Bergen führt.

Schlucht von Samariá

Manche behaupten, die Samariá-Schlucht sei die größte Klamm Europas. In der Tat erstreckt sie sich über 18 Kilometer Länge, und stellenweise erreichen die senkrechten Felswände bis zu dreihundert Meter Höhe. Für eine Besichtigung bleiben nur zwei Möglichkeiten: Man kann sie im Flugzeug überfliegen oder sie zu Fuß durchwandern. Keine einzige Straße wurde jemals hier gebaut, nicht einmal am äußersten Rand der Schlucht. Sie beginnt im Süden der Omálos-Hochebene und reicht bis zum Meer. Teilweise ist sie kaum mehr als einen Meter breit. Wenn die Vegetation besonders dicht ist, ist sie ganz in blaugrünes Licht getaucht.

Folgende Doppelseite:

Landschaft auf Kreta

Schon in uralten Zeiten verstanden es die Kreter, aus dem trockenen Boden ihrer Insel das Beste herauszuholen. Weinstöcke, Feigenbäume und vor allem Olivenbäume wachsen auf dem steinigen Untergrund. Gerne wird hier erzählt, auf der Insel würden rund 50 Millionen Oliven geerntet. Verständlich, daß die Kreter diese Frucht und das aus ihr gewonnene Öl zum Hauptbestandteil ihrer Nahrung gemacht haben.

Insel Spinalógka

Auf dieser kleinen Insel vor der Küste der Halbinsel Spinalógka errichteten die Venezianer eine Zitadelle, die den Angriffen der Osmanen dauerhaft standhielt. Von 1903 bis 1957 diente sie als letzte Leprastation Europas. Die Leprakranken selbst restaurierten so gut sie konnten die Gebäude, die noch heute erhalten sind. Alles übrige ist verfallen, die Insel menschenleer und verlassen.

Iráklion auf Kreta

Zu Zeiten der Venezianer hieß Iráklion noch Candia und war die Hauptstadt Kretas. An diesem Ort erfüllte Herakles die siebte seiner Aufgaben, bei der er den Stier von Kreta enthauptete. Poseidon hatte das Tier rasend gemacht, so daß es auf der Insel heftige Verwüstungen anrichtete. Davon zeugt noch der Name der Stadt. Ihr Hafen wurde auf den Fundamenten des alten venezianischen Hafens errichtet. Er wird im übrigen immer noch von der Festung aus verwaltet, die die Venezianer in der ersten Hälfte des 16. Jahrhunderts errichteten. An der West- und Nordfassade finden sich noch schöne geflügelte Sankt-Markus-Löwen, die Wappentiere der Republik Venedig. Die Stadt selbst besitzt zahlreiche Andenken an diese ungeliebte Besatzung, vor allem Reste der Festungsmauern und der Bastion, die 21 Jahre lang den türkischen Angriffen trotzte. Das interessanteste Gebäude der Stadt ist gleichwohl das archäologische Museum, in dem Funde von Ausgrabungen der wichtigsten antiken Stätten Kretas zusammengetragen wurden. Ausgestellt sind insbesondere Gegenstände und Fresken, darunter die sogenannte Pariserin, die im minoischen Palast von Knossos wiederentdeckt wurde.

Dank

Yann Arthus-Bertrand dankt

dem Kultusministerium, Athen
Frau Eleni Methodiou, Mitglied der griechischen Delegation der UNESCO
dem Club Méditerranée
der Interjet-Helikopterflug
dem Meteo-Center, Athen
und der Griechischen Zentrale für Fremdenverkehr, Athen

Titel der französischen Originalausgabe: La Grèce vue d'en haut

Übersetzung aus dem Französischen: Kristina Ruhl, München

Redaktion und Koordination: Karl-Heinz Schuster, Prisma Verlag GmbH, München
Buchgestaltung: Benoit Nacci; Hubertus Hepfinger, Freising
Gestaltung des Schutzumschlags: Studio Schübel, München
Produktion: Wolfgang Mudrak, Prisma Verlag GmbH, München

Satz: Buchmacher Bär, Freising
Lithographie: Quadrilaser, Ormes (Frankreich)
Druck und Verarbeitung: Kapp-Lahure, Évreux (Frankreich)

Printed in France
ISBN 3-575-22018-2

1 2 3 4 5 01 00 99 98 97